AF475504

ENCORE UN MOT

SUR LA

FAMEUSE BROCHURE

PARIS

IMPRIMERIE DE L. TINTERLIN ET Cᵉ

RUE NEUVE-DES-BONS-ENFANTS, 3.

ENCORE UN MOT

SUR LA

FAMEUSE BROCHURE

PARIS
CHEZ TOUS LES LIBRAIRES

1861

ENCORE UN MOT

SUR LA

FAMEUSE BROCHURE

Mes amis m'ont demandé une brochure, la voici.

Pardon. Qu'est-ce que c'est que vos amis, s'il vous plaît? me dira ce digne lecteur qui vient de m'acquérir pour 50 centimes.

Monsieur a raison, qu'est-ce que c'est que mes amis?

Je m'empresse...

Mes amis, ce sont les glaneurs de l'abondante moisson des cancans et des nouvelles.

Leur appétit est désastreux.

Ce qu'ils ont dévoré depuis quatre mois, c'est à faire dresser des brochures sur la tête.

Et ils ne sont pas contents; ils en veulent encore une; ils l'auront.

Mais ce sera la première et la dernière... de votre serviteur.

Me voici bien embarrassé.

Bah! tant pis! Puisque je descends hardiment

dans l'arène, allons droit au taureau et attaquons-le par les cornes.

— Monsieur Henri d'Orléans, où est-il?

— Un petit livre jaune, bien mince, mais bien fort!

—Je vous demande pardon; j'en ai tant devant moi, des grands, des petits, des lourds, des longs, etc., et des rouges, des gris, des lilas, des incolores... Sont-ils ennuyeux!

Ah! le voilà.

Eh bien! répondons-lui.

Allons-nous lui dire, comme le comte Ernest du Vornoux :

« Monseigneur, vous vous plaignez de votre exil,
« c'est là la transition naturelle de l'expression de
« votre mécontentement d'autrui, à celle de votre
« contentement de vous-même. »

Ou bien, comme un Monsieur qui ne dit point son nom (couleur jaune sale) :

« Que veut donc Monsieur le Duc? Un trône pour
« son neveu. A ce prix, la France serait heureuse,
« et la paix du monde assurée. »

Ou bien comme celui-ci (couleur jaune pâle) :

« Rien n'est plus agressif que votre style, Mon-
« seigneur, malheureusement l'expression n'est pas
« toujours à la hauteur de votre dépit. Vous tombez

« facilement dans ce que nous appellerons la con-
« tre-urbanité, pour composer un mot aussi poli
« que possible. Vous perdez la mesure, et l'on s'a-
« perçoit que la colère vous aveugle. Vos illusions
« sur les parvenus ne sont pas de ce siècle, et d'ail-
« leurs, vous oubliez étrangement, en répondant si
« hautainement au Prince, qui ne vous parlait pas,
« à vous, que le sang qui coule dans ses veines est
« aussi royal que le vôtre, qu'il fut fils de roi
« comme vous......... Pourquoi cette superbe mal
« placée ; pourquoi ces grands airs avec votre égal,
« Monseigneur ? »

Ou comme cet autre Français que je ne connais pas (couleur rose).

« Prenez garde Monseigneur; votre lettre, tout
« adroite qu'elle soit, est un bon petit brandon de
« discorde ; et si elle avait porté les fruits que vous
en attendiez, c'est à vous que dans quelques an-
« nées on pourrait demander, qu'avez-vous fait
« de la France ? »

Ou bien encore comme celui-ci (couleur grise).

« La vraie réponse au duc d'Aumale doit être un
« acte; à la coalition des anciens partis il faut oppo-
« ser la coalition des hommes de progrès. M. le duc
« a jeté un double défi aux Napoléons et à la dé-
« mocratie. Il faut relever ce double défi. »

Si vous m'en croyez nous laisserons ce preux à son double travail, et nous arrêterons les frais de citation; car c'est impossible, nous ne pouvons continuer sur ce ton..... Tout le monde serait volé, depuis M. le comte Ernest du Vornoux, jusqu'à mes amis..... Je ne parle pas de mes lecteurs.

Il n'y a donc pas à balancer; il faut parler et dire quelque chose de très-fort... si je puis; les sujets y prêtent tellement.

Oui, mais voilà le diable. Si je dis à Mgr Henri d'Orléans :

« Monseigneur, votre brochure est superbe. Innocent exilé de votre patrie, vous venez d'y faire « une brillante apparition pour y défendre votre famille publiquement outragée, et, avec elle, le passé « historique de cette même patrie.

« Vous l'avez fait avec énergie, avec talent et surtout avec succès! Si vous avez parlé sans ménagements et sans révérence de l'illustre maison des « Bonaparte, vous y avez été forcé par un des membres de cette famille.

« Vous étiez donc dans votre droit.

« Vous nous prouvez brillamment qu'il est aussi « difficile de dire du bien de ses ennemis que du mal « de ses amis.

« De provoqué vous devenez provocateur et vous « tenez nos esprits suspendus dans une fiévreuse attente sur le résultat d'un drame possible. »

« Nous avez-vous désappointé, Monseigneur?
« Non..... Les paris étaient ouverts. Vous avez
« fait gagner tout le monde !

« Pour me résumer, Monseigneur;

« Vous avez dans les trente pages de votre bro-
« chure abordé les sujets les plus palpitants, les plus
« vifs de notre époque, après avoir rapidement par-
« couru les phases si variées de notre histoire mo-
« narchique. »

« Vous nous félicitez d'avoir préféré l'exil à la
« guerre civile. Et vous adressez au prince Napo-
« léon, à l'Empereur, à toute la dynastie napo-
« léonienne, enfin, cette demande menaçante que
« leur fondateur adressait au Directoire : Qu'avez-
« vous fait de la France? Puis vous ne concluez
« pas. »

« Libre à nous.

« Bravo ! C'est très-bien ! »

Mais si je dis tout cela à Mgr Henri d'Orléans, c'est que je l'approuve, et ma brochure devient un panégyrique dangereux, je compromets sérieusement son existence.

Prudemment je ne puis donc pas parler ainsi. D'un autre côté, si, m'adressant au prince Napoléon.

Je lui dis :

« Prince, c'est avec un grand talent que, dans un
« discours fameux, prononcé le 1er mars au Sénat,

« vous avez fait le procès à la politique passée, pré-« sente et future de toute l'Europe. Prenant à par-« tie l'opinion publique (je ne dis pas nationale), « vous l'invitez à relever les outrages que les admi-« rateurs modérés de Victor-Emmanuel lui adres-« sent journellement, et vous ajoutez éloquemment « qu'il est des outrages qui honorent ceux qui en « sont l'objet, et des violences de langage qui ne « font de tort qu'à ceux qui les emploient. »

« Vous flétrissez justement ces « membres des fa-« milles royales, qui, voulant se faire une situation « anormale, injuste, immorale, trahissent leur dra-« peau, leur cause et leur prince, pour se faire une « fallacieuse popularité personnelle. »

« Vous vous faites le champion de l'alliance an-« glaise, parce qu'elle est celle de la liberté et du « progrès; « l'Empereur, dites-vous, doit la soutenir « au prix de quelques sacrifices dans les questions « secondaires. » Ces questions secondaires, sans « doute, sont celles de Rome, de Naples, de la Tos-« cane, de Modène et de Parme... Alliances déri-« soires.

« Ne confondant pas la pitié avec la sympathie, « vous avouez éprouver pour le sort de Gaëte et de « son *honorable* défenseur plus de pitié que de « sympathie. »

« Moins préoccupé de la puissance temporelle du « Pape que d'établir et reconnaître l'indépendance

« de son pouvoir spirituel, vous avez regretté l'expé-
« dition de Rome en 1849, qui eut pour but de ré-
« tablir et ramener le Pape chassé par la révolution,
« comme tout le monde sait; vous approuvez la
« guerre si glorieuse pour nos armes de 1859, et
« vous ajoutez, dans un langage aussi beau qu'élo-
« quent, désirant surtout faire preuve d'une com-
« plète franchise, « que s'il y a quelque chose qui
« n'a pas été populaire en France, c'était la paix de
« Villafranca et non la guerre d'Italie. »

« Oui, je vous crois, lorsque vous dites que vous
« avez été « profondément blessé quand on a paru
« soupçonner le gouvernement de l'Empereur de
« n'avoir pas été de la dernière loyauté dans l'exé-
« cution de ce traité de Villafranca. Il a fait plus
« et au delà de ce qu'il avait promis. C'est l'Autriche
« qui n'a pas tenu loyalement ses engagements. »

« Jetant un regard chargé de fiel sur ces exécra-
« bles traités de 1815, vous lancez ces belles pa-
« roles pleines d'un noble et louable patriotisme.
« La gloire de Napoléon III, c'est de les avoir
« déchirés, c'est d'avoir laissé aux autres gouverne-
« ments qui l'ont précédé, la triste vanité de se
« contenter de les maudire. Lui, il n'a fait ni une
« ni deux, de la pointe de son épée il les a déchirés,
« et le peuple lui en est reconnaissant. »

« Au milieu de tous les sujets qui se croisent dans
« votre puissante imagination, et dont il me serait

« malaisé de suivre régulièrement le fil, vu mon peu « d'habitude à traiter et discuter d'aussi graves « questions, je remarque que vous avez plus de mé- « pris que de considération pour les races royales « de Bourbon et d'Orléans, et que vous flétrissiez « un peu légèrement, selon moi, le gouvernement de « la restauration, dans un acte dont vous citez le « décret signé de Louis XVIII.

« De là, faisant un retour sur le sol italien. Vous « dites, pour légitimer tout ce qui se passe d'étrange « en ce pays, aux yeux des gens peut-être à courte « vue et auxquels, je ne crains pas de l'avouer, « tous les moyens, jusqu'à présent, ne semblaient pas « toujours bons pour arriver à un but; vous dites : « il y a un axiome qui ne doit pas être employé sou- « vent en politique; mais, qu'en certaines circons- « tances, on peut rappeler : c'est que le salut du peu- « ple est la souveraine loi, la seule légitime, et qu'il « est certaines circonstances, rares, grâce à Dieu ! « qu'on ne doit jamais invoquer comme précédents, « mais que l'histoire et la postérité justifient quel- « quefois, qui expliquent, excusent, autorisent « même certaine conduite en dehors du droit... »

« Gloire vous soit rendue... par les vrais patriotes « italiens, Prince, votre nom, dans leur pays, doit « être bien populaire ; pour eux, vous êtes un nou- « veau Démosthènes, faisant des vœux et proclamant « l'affranchissement de la patrie, avec la différence,

« toutefois, que si Démosthènes luttait contre le « despotisme de Philippe et d'Alexandre, ses con- « quérants et ses oppresseurs; vous, Prince, vous « engagez les Romains, Napolitains et autres pénin- « sulaires envahis, bon gré malgré, non à secouer le « joug du conquérant, c'est-à-dire de l'étranger, « mais à se jeter aveuglément dans ses bras...

« Prince, votre discours est un chef-d'œuvre « d'éloquence, de hardiesse, de franchise et d'ironie. « Il prouve que vous avez l'horreur du mensonge et « de l'ambiguité.

« Que si vous n'avez pas une grande estime pour « les hommes en général et les rois en particuliers, « ce qui est rare à rencontrer chez un prince dans les « veines duquel coule le sang le plus royal qui puisse « exister, du moins, vous avez une grande connais- « sance de ce qui peut les agrandir et les relever à « leurs propres yeux.

« Bravo, prince, c'est beau! très-beau. »

Sans doute, je puis dire tout cela; mais, en le disant, je fais de la politique, me voilà lancé sur ce terrain glissant à croix ou pile. Et je ne veux pas, à aucun prix, non, je ne veux pas faire de la politique! je veux bien causer des nouvelles du jour, parler de Cialdini, de Garibaldi, mais pas politique.

Oh! non, pour rien. J'aimerais mieux herboriser. Il me faut donc parler sans rien dire.

Amis et lecteurs, soyez calmes! je commence.

Résigné donc à ne pas faire d'appel ni d'invocation aux éternels et immortels principes de 89, je n'userai purement et simplement que du droit possédé par tout citoyen de raconter des histoires sous forme de brochure, c'est la dernière mode, sans porter préjudice à l'honneur, ni détriment à la fortune de qui que ce soit de ses semblables, et surtout sans craindre de blesser la chatouilleuse susceptibilité de Monsieur le gendarme.

Fort de mon innocente intention, je raconterai un fait, ou plutôt je constaterai l'effet produit par un ait. Voilà tout.

Ce ne sera pas long.

Le samedi 13 avril 1861, Paris a été mis en émoi; 'aspect des boulevards, de trois heures à six heures, avait quelque chose de bizarre, l'asphalte s'était transformé en un cabinet de lecture ambulant.

Tous, et Dieu sait s'il en manque des flâneurs? munis d'un petit livret jaune, marchaient en le lisant, Personne n'avait la patience de ne pas lire; on lisait, on se heurtait; n'importe, on lisait toujours. Et ceux qui n'avaient pas de livret lisaient par dessus l'épaule du voisin.

Par ci, par là, des groupes; un orateur, non, un lecteur en plein vent, occupait le centre.

Les libraires! Ah! c'était curieux! Pas un assaut, un pugilat.

Quittait-on le boulevard? Montait-on à son cercle? Qu'est-ce qui n'est pas d'un cercle? Tout le monde! Et bien! là aussi, tout le monde avait son livret, excepté peut-être les tard-venus. Alors, comme sur le boulevard, on lisait par dessus l'épaule.

Les gens qui ont un intérieur et conservé l'habitude d'y dîner, s'ils revenaient l'estomac vide, du moins avaient-ils les poches pleines pour alimenter la conversation. Bah! le livret était déjà dans la famille.

Dans les restaurants on lisait en mangeant. Le soir, dans les salons, tout le monde l'avait lu, alors on le redisait par cœur.....

Bien plus! Ce livret, ce petit livret, a interrompu le cours de la Bourse à l'heure où il fit son irruption. Sur les deux heures, tout le monde autour du parquet, mettant un terme à son comptant, n'a eu d'autre pensée que de se procurer ce petit livret pour le dévorer.

Ah! Monseigneur le duc d'Aumale, vous avez eu un grand succès.

Nouveau Josué vous avez arrêté le soleil du dix-neuvième siècle!

Mais, voici le sort des choses de ce monde, le trait de l'inconstante et fragile fortune, le revers de la médaille. A six heures du soir, cette illustre petite brochure, saisie et garrottée comme il faut, fut amenée au poste de la Conciergerie par une escouade de sergents de ville, et renfermée à triple verroux dans un cachot bien noir, d'où elle ne sortira pas, il n'y a pas de danger.

Pauvre petite, si jeune et déjà si coupable !

Ah ! mon Dieu !... Pourquoi donc?... renfermée?

Messieurs, mes amis, mes chers lecteurs !... Je vous l'ai dit, je ne veux pas faire de la politique.

NOTSAG.

Paris 26 avril 1861.

FIN.

www.ingramcontent.com/pod-product-compliance
Ingram Content Group UK Ltd.
Pitfield, Milton Keynes, MK11 3LW, UK
UKHW020232200726
13856UKWH00004B/1730